中华中医昆仑

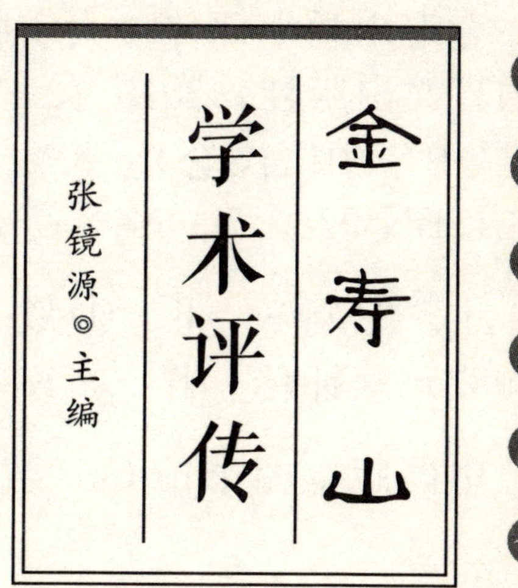

金寿山学术评传

张镜源◎主编

中国盲文出版社

图书在版编目（CIP）数据

金寿山学术评传（大字版）/ 张镜源主编. —北京：中国盲文出版社，2015.12

（中华中医昆仑）

ISBN 978-7-5002-6763-8

Ⅰ. ①金… Ⅱ. ①张… Ⅲ. ①金寿山（1921～1983）—评传 Ⅳ. ①K826.2

中国版本图书馆 CIP 数据核字（2015）第 314064 号

金寿山学术评传

主　　编：张镜源
责任编辑：顾　盛
出版发行：中国盲文出版社
社　　址：北京市西城区太平街甲 6 号
邮政编码：100050
印　　刷：北京华联印刷有限公司
经　　销：新华书店
开　　本：700×1000　1/16
字　　数：42 千字
印　　张：6.5
版　　次：2015 年 12 月第 1 版　2016 年 3 月第 2 次印刷
书　　号：ISBN 978-7-5002-6763-8/K·405
定　　价：12.00 元
销售服务热线：（010）83190297　83190289　83190292

丛书编委会

前 言

中医药是中华民族的伟大创造，是世界医学宝库中的夺目瑰宝，数千年来为中华民族的繁衍昌盛作出了巨大的不可磨灭的贡献，至今仍是中国医药卫生事业不可分割的重要组成部分，在维护民族体魄康健、促进经济社会发展中发挥着不可替代的作用。

中医药学，是中华传统文化和科技文明的结晶，是勤劳聪慧的中华儿女在几千年生产生活实践中，在与疾病作斗争的过程中，创造的独具特色的医学科学体系。它有着浓郁的民族特色、深厚的文化底蕴和丰富的哲学内涵。经过一代又一代中医药传人、一辈又一辈名医大家的实践探索、薪火传承、总结完善、创新发展，逐步形成了系统的理论体系、独特的诊疗方法、丰富的医学内容、实用的制药技术。具有疗效确切、用药安全、应诊灵活、普适简廉和预防保健作用显著的巨大优势，在世界医学之林独树一帜，为人类的文明进步与医疗保健事业，已经并正在作出积极的贡献。

为了弘扬中华民族传统文化，彰显中医药学家的丰功伟绩，当代中医药发展研究中心与中国文学艺术界联合会、国家中医药管理局新闻办公室、中华中医药学会、中国中医科学院、北京中医药大学、世界中医药学会联合会等精诚合作，在国家中医药管理局的支持和指导下，为中华近现代百年来贡献卓著、深受敬仰的150位中医药学家，编撰出版了这部大型传记丛书。丛书采用评传体裁，记载他们的生平事迹、医术专长、学术思想、传承教育、医风医德、养生之道和突出贡献，使这些宝贵的医学成就和精神财富发扬光大，千古流芳。

从书取名《中华中医昆仑》。昆仑山，被尊为“万山之祖”，柱西北而瞰东南，立中国而凭世界，凌驾乾坤，巍然屹立。以其高峻豪迈、绵延起伏的磅礴气势，寓意中华中医药学历史悠久、博大精深和永不衰竭；以其挺拔雄伟、高耸入云的恢弘气魄，彪炳一代中医药学家的丰功伟绩、杰出贡献和不朽勋业。

从书入选传主，从全国范围推荐遴选，遍及中医药界各个领域。有临床家、理论家、药学家、教育家、医史文献学家；有名师亲授、世医家教、学派传人、院校毕业和自学成才者；有师徒并驾、父子齐名和伉俪联袂者。他们学术造诣深厚、诊疗技术精湛、临床经验丰富、学科地位崇高、科研成果丰硕、医风医德高尚、国内外影响较大，从医学理论到临床实践，为中医药事业的传承和发展作出了突出贡献，是近现代百年来中华中医药界的杰出代表。

丛书的出版，对于弘扬中华文化，振兴中医药事业，造就中医药人才，普及中医药知识，具有重要的现实意义和深远的历史意义。这是一项开创性工作，填补了我国为著名中医药学家大规模撰写传记的空白；也是一项抢救性工作，因入选传主已仙逝过半，许多亲历、亲见、亲闻的史料日见散逸，将之收集整理、编撰成书，功垂后世、利国利民；更是一项承前启后的工作，总结传主经验，传承中医药伟业，继往开来，光耀世界医学之林。这部医文结合，富蕴历史性、学术性、文学性和实用性的鸿篇巨制，对医疗、卫生、科研、教育及全球关注中华中医药文化的各界人士，都有重要的参考和阅读价值。

丛书的编撰出版，是一项巨大的中医药文

化建设工程，在策划、撰写、编辑、出版过程中，自始至终得到了国家有关领导、政府部门及社会各界人士的关心和支持。国家中医药管理局高度重视，并组织专家对全书进行终审；数百名专家、学者亲临指导，参与规划；有关省、市、自治区卫生厅、局、中医局（处）给予大力帮助；传主及其亲属、弟子热情支持、密切配合；撰稿人深情满怀、辛勤笔耕；编审专家尽心竭力、精工细琢；关爱中医药事业的企业家热心公益、慷慨资助；全体工作人员不辞辛劳、无私奉献，这一切使丛书得以顺利出版。对此，我们深表谢意。

由于时间紧迫和资料搜集困难，加之水平有限，难免有疏误之处，敬请广大读者批评指正。

中华中医药学，历史悠久，源远流长，发端于远古，奔向于未来。百年对于历史，不过是短暂的瞬间；百人对于万众，不过是沧海一粟。然本丛书所记载的百年百人，则无疑是波澜壮阔的中医药发展史上辉煌的篇章和光芒闪烁的璀璨星辰。

张镜源

目

录

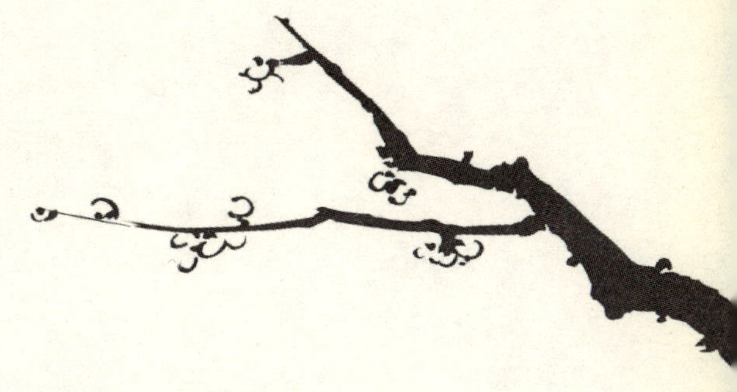

学，然后知不足。汗牛充栋的医书，我读过的不过沧海之一粟；千变万化的疾病，我治好的不过幸中其一二。学问，可以达到一定的造诣，但永远没有止境。

——金寿山

金寿山（1912—1983），浙江省绍兴市人。著名中医药学家、教育家。出生于中医世家，家学渊远，自幼攻读医书。17 岁时父亲病逝，更发奋苦学，立志从医，自学成才。数年间，一面熟读《伤寒论》、《金匮要略》及温病学等中医典籍，一面运用于诊疗实践，获得广博知识。1936 年到上海行医。抗日战争爆发后，去桂林、贵阳悬壶。抗战胜利后，重返上海执业，并任教于上海中国医学院。1956 年上海中医学院（现上海中医药大学）创建时，被聘为首批教师，后历任伤寒温病学教研室主任、金匮教研组主任、温病学教研室主任、中医学基础教研组组长、教务处副处长。1979 年晋升为教授，并任上海中医学院副院长。1978 年始兼任上海市中医学会内科学会主任委员，1980 年被聘为全国中医理论整理研究委员会副主任，1981 年兼中医文献研究所所长，同年被聘为国务院学位委员会学科（医学）评议组成员，1983 年担任《中医年鉴》主编等职。

金寿山从事中医教学和临床工作 40 余年，临床擅治疑难疾病，晚年从事中医理论研究工作。精通古典医籍及各家学说，知识面广博，擅长整理研究中医古籍文献，并能阐发其精义。参加上海中医学院和全国中医学院多种教材的编写与审订，对中医学术融会贯通，学验俱富，著述颇多。出版的主要论著有《温病学讲义》、《温热论新编》、《续广笔记》、《金寿山医论选集》、《金匮诠释》、《温病释要》、《中医医籍字典》等。

金寿山说："路，是人走出来的。中医是可以自学成功的，我自己走的就是自学之路。"

焚膏油以继晷
恒兀兀以穷年

金寿山出生在浙江绍兴东关镇，其父亲金荣春是一位颇有学问的中医师，设有“金荣春诊所”。无奈学问虽深，临床乏“术”，求诊者寡，家无恒产，赁屋居住，生活清苦。金寿山的祖父很早故去，祖母年轻守寡。家里希望金寿山光宗耀祖，他从小在祖母和父亲的教授下读文识字。金寿山聪明好学，记忆力强，两三岁时就能认识许多方块字（指识字卡片）。后来父亲让他跟随鲁仙圃、金彦卿、章子敬三位名士读书，从“人之初”开始，一直到“四书五经”，还有《古文观止》、《读史论略》，一直读到 13 岁（1925 年）。

1924年，金寿山的父亲结识了一位退休的官员章幼文。章幼文看中金寿山的聪颖，料定他将来会有出息，愿意在他身上下工夫，准备培养他，并把自己的女儿许配给金寿山。不料章幼文当年就故去，金寿山的父亲考虑穷人娶妻不容易，恐怕日久生变，便借口祖母有病，以冲喜之由，把儿媳妇娶了过来。此时，金寿山年仅12岁。望子成龙的父亲，决定让金寿山学医，要求金寿山读《黄帝内经》，只读不教。金寿山对其文理似懂非懂，对于医理，知识未开，根本不能理解。如对医书上的“白带”两字，他去问父亲，什么叫做“白带”？父亲支吾其词，未作正面答复。此间，金寿山以自学为主。虽不教，却是要考。他最怕考十二经脉循行路线，因为答不出，不知受了多少责难。于是，他不管懂与不懂，硬着头皮把全部《黄帝内经》读熟背出。父亲考虑到金寿山年龄还小，有些医理教也不懂，便想让他先背诵熟记，到一定的年龄再教不迟。就这样，金寿山一直埋头苦读医经。

1927年，因为家庭负担沉重，父亲把金寿山介绍到族人金师周家里当家庭教师一年。此间，金寿山边教书边学习，开阔了眼界。他教书的这家邻居是开明士大夫，藏有戊戌变法时期的书籍，尤其是梁启超的很多著作。金寿山最喜欢看书，他从中知道世界上还有许多稀奇的事，还有许多新鲜的道理。实际上，金寿山所处的时代正值“大革命”时期，而他过去所读的书，已与时代相去甚远。

1927年，在金寿山17岁的时候，父亲去世，没有给他留下什么财产，只有寥寥可数的一些医书：《黄帝内经》、《素问病机原病式》、《医宗金鉴》、《张氏医通》、《济阴纲目》、《温疫论》、《温热经纬》、《温病条辨》、《临证指南医案》、《本草备要》、《汤头歌诀》等。金寿山为了养家活口，不得不谋职，在绍兴东关镇万象春药店内开设私塾，当了一名私塾先生。随着年龄的增长，诸如“白带”等名词也懂了，便钻研医书。他当时读的是《本草备要》、《汤头歌诀》以及《医宗金鉴》中各种歌诀。他背功好，看的内容，几乎全部能背出来。他一面教书，一面自学，读他的“四君子汤中和义，参术茯苓甘草比”。白天时间不够用，就在晚上读到深更半夜。他读这些书的目的，就是为了开得出方子，继承父业。这一时期，有些亲友以及父亲生前的老主顾请他看病，他认真治疗，有时也很“灵”，却“灵”得不知其所以然，这便增强了金寿山学医的信心。至于《黄帝内经》之书，早已丢之脑后，因为他感到实在太深奥了。

1930～1932 年期间，金寿山在上海闸北杜其堡家当家庭教师。杜其堡是商务印书馆编辑，在他家里，金寿山看到许多“五四时期”的整套报纸、杂志，如《北京晨报》、《新潮杂志》

等。同时，每逢星期日，金寿山就到东方图书馆看书，看的都是文艺方面的书籍，他尤其喜爱鲁迅的作品。

1932 年 1 月 28 日，日军侵略上海，闸北燃起炮火。金寿山回到乡下，仍执私塾。1932～1935 年间，他在家乡自学医书，夜以继日，狠下工夫。而真正在医学上给金寿山开了窍的，是当时有人借给他的全套《铁樵医学函授学校讲义》。讲义上讲的，他见所未见，闻所未闻。他读后爱不释手，便把它全部抄了下来。就是这部讲义，引导他踏进医学之门。

金寿山后来谈到：这个时期走的路是苦学。真可谓“焚膏油以继晷，恒兀兀以穷年”。我不希望有志于学习中医的同志同样走我这条路，事实上也不会有人再这样走。但“苦学”这一点，可能还有一些借鉴的意义。

鸳鸯绣出从君看 不怕金针不度人

1936年，金寿山从故乡到上海普济善堂做医生。所谓“善堂”者，慈善机构也，对病人是施诊给药的，医生是拿工资的。这是金寿山正式做医生的开始。做了一年多医生，正有些名声，想找一间房子，自己开业。不料1937年8月13日，日本人开始进攻上海。金寿山从炮火炸弹中逃到苏州、河南，再逃回到绍兴乡下，饱尝了战争之苦。他在乡下待了半年，1938年春，由朋友介绍到上海戈登路194弄海涛小学当教员。在这期间，金寿山所住楼下开着一家书店，他在那里借到了一本禁书。这本书写的是“二万五千里长征”，书名为《西行漫记》。

这本书使他初步认识了中国共产党，这对金寿山后来在思想上拥护中国共产党并积极要求加入中国共产党有很大影响。8 年的抗日战争，给了金寿山极大的教育，他亲身感受到日本侵略者的残暴凶恶。在海涛小学的 3 年执教中，他尽量给学生宣传爱国思想。在此期间，金寿山的妻子、儿女也从乡下来上海。1940 年，他的母亲从乡下来沪居住。1941 年，兄弟也从乡下来沪。当时，物价飞涨，他的家庭负担一天比一天沉重，仅靠现有的收入，已无法维持家庭生活。

1941 年，经祖母身边的远亲介绍，他去了西南，在桂林国货公司当了一名文书。1943 年 1 月，金寿山在桂林乐群路私人开业，并在中山北路桂林路口设分诊所。在此期间，业务虽是平常，但家属已回家乡，他独自一人在外，又是自由职业，较为自在，因此感悟到父亲所说医生是清高不求人，确有道理。此后，金寿山便择定医生为终身职业。空闲时，他不忘学习，常到桂林图书馆借书看。他喜爱鲁迅的作品，尤其是鲁迅晚期政治性的杂文，对金寿山的思想影响较大。

1944年8月，日本侵占桂林，金寿山从桂林逃难到了独山，在独山城内药店里设立诊所。战争期间，斑疹伤寒、回归热、麻疹等病流行，诊务非常繁忙。不料好景不长，不到9个月，战事又迫近独山，他只得由独山徒步到贵阳。在逃难路上，他亲眼看到和亲身经历了日本侵略者给中国人民所造成的痛苦和灾难，如同人间地狱。金寿山逃难到贵阳近郊图云关时，被军队抢去身上仅有的钱物。1944年11月，他在贵阳大十字国泰药店和贵阳中山北路东升新药店开始行医。1945年，日本投降，抗战胜利。

1946年5月，金寿山又回到上海，在黄河路138号万年春药店行医。同年9月，报载上海中国医学院招聘伤寒及金匮教授，他拿了自己在《中医杂志》发表的作品前去应征，被录取为教员，直到1948年7月该院停办。金寿山教书相当负责，他深知教学相长的道理，通过教学提高自己。因为“伤寒论”与“金匮要略”两门课，是中医的主要课程，他意识到，教学要与临床相结合，所以他把十多年来的苦学所得，结合在战时治疗传染病的经验整理归纳，自编讲义，尽心教授，深受学生欢迎。当时学校将金寿山所教的这两门课程作为该院的“撑台柱”。

金寿山在这个时期走的路，仍然是苦学，有这样三件事：

其一，书是能借不买。金寿山买不起书，但不能不读书。这个时期，金寿山买的医书只有三部：《伤寒论今释》、《伤寒贯珠集》、《金匮要略心典》。因为深慕陆渊雷的名声，他忍痛去买了《伤寒论今释》。1946年，金寿山在上海中国医学院教书，因教学需要而买了《伤寒贯珠集》与《金匮要略心典》。金寿山说："至于借书，凡是好书（不仅是医书），只要有书的人肯借，我就要借。借书而不买书，对于我实在大有好处。因为借的书要还，逼着你非及时看完不可。好的段落章节，还要把它抄下来。读书百遍，不如抄书一遍。边抄边咀嚼其精华，又练习了小楷，可谓一举两得。"他又说："自己的书有限，看来看去只有这几本，缺点是有很大的局限性，好处是能够精读，所谓'读书百遍，其义自见'。"

金寿山借书而不买书，后来养成了习惯，即使买得起书了，也绝少买书。他说："这里我没有提倡不买书的意思。书，还是要买的，买别的东西不如买书。书买了还要爱护，藏在书柜里或别的什么地方还不够，但更主要的是要藏在脑子里。"

其二，看病的本领是偷着学来的。金寿山

开始做医生，给人治病，由于无师传授，又缺少经验，幸中的固有，治不好的更多（特别是大病、重病）。有一次，他给一个亲友治热病。该患者身热多日不退，大便自利，金寿山用《伤寒论》方法治疗，药似对症，但越治越重，以至病人神昏出疹。后来，病家请上海名医丁甘仁诊治，一剂即有转机。处方与金寿山处方的路子完全不同，其中有川连炭（用量极少）、神犀丹。这件事对他教育很大，使他懂得了“读书与治病，时合时离，古法与今方，有因有革”的道理。他知道，跟师学习的一课，非补一补不可。可是没有条件跟师，怎么办？只好去偷学。金寿山是一位坐堂医生，在药店柜台上很容易看到来自各方面医生的处方。他几乎每张处方都看，都认真揣摩，真的偷学到了不少本领。比如上海有位妇科名家，处方药味多达 20 几味，初看起来，似乎杂乱无章，渐渐看多了，他悟出其中的道理，20 几味药中有规律，即对某一种病症，某几味药一定用；对另一种病症，某几味药又一定用。原来那位名家怕人家把他的看家药偷去，故意摆下迷魂阵，药开得很多，实际上主要药物不过几味。万万想不到金寿山竟有办法偷学。看方子偷本领，也有偷不到的时候。当时上海有位治伤寒的名家，从方子来看，不过豆豉、豆卷、前胡、苏梗之类，平淡无奇，而且几乎千篇一律，但治疗效果却很好。这是什么道理？方子中看不出，只好上门去偷学。好在这位医家门庭若市，金寿山就每天花几个钟头，混在病人陪客中去学，果然大有所获。原来这位医家处方，看似千篇一律，但实则同中有异，异处正是其秘处。随举一例，如对热病大汗出而致神疲者，往往用益元散，揆其用意，是在导热下行，收汗镇心。

就这样，金寿山日复一日，年复一年，点点滴滴，学到了不少治病的本领。当然，学来的东西不一定全部用得上，还得通过临床检验，下一番去伪存真的工夫。

其三，学问是要自己做的。这个时期，金寿山努力学习《伤寒论》。他做过以方归类，也做过以证归类，还写出自己的见解、按语。那时候，他所见不广，不知道这些归类前人早已做过，而且做得远远比他好。但这个工作金寿山没有白做，因为经过自己整理，才能把古人的知识变成自己的知识，不至于被《伤寒论》注家牵着鼻子走。他说："夜郎自大要不得，敝帚自珍却有道理。帚虽敝，终是自己的，可以派用处。我担任上海中国医学院教师，教的是"伤寒论"、"金匮要略"，讲课内容显然很浅薄，但条理还清楚，有自己的见解，还为同学所欢迎，敝帚就派上用处了。""古诗有云：'鸳鸯绣出从君看，不把金针度与人。'我认为只要做一个有心人，他人绣出了鸳鸯，终可以悟出其针法，照样绣出鸳鸯，也许绣得更好。这两句古诗可以改为：

‘鸳鸯绣出从君看，不怕金针不度人。’这里必须指出，偷学本领则可，抄袭别人的文章、剽窃别人的成果，据为己有则不可。”

路漫漫其修远兮
吾将上下而求索

1956年，金寿山进上海中医学院任教时已是中年，但他继续走苦学之路并未改变。金寿山总结自己治学经验有三：

第一要苦学，此外无捷径。他说："苦学养成习惯，则不以为苦，而以为乐。"金寿山的生活没有什么爱好和癖好，一如既往，坚持5/6时间用于业务，手不释卷，而且常常到午夜。他归纳，苦学要做到三个勤：

一是口勤。口勤指的是读书，必读的书还要把它背熟。特别是在年轻的时候，记忆力强，读过的书到老都不会忘记。金寿山幼年时，家中有一部残缺的手抄本，其内容理法方药都有，也不知是从哪些书上抄下来的。金寿山就是看后熟记，如其中有“衄为燥火，若滋阴自安；呕吐呃逆，咎归于胃；阴癞疝瘕，统属于肝；液归心而作汗，热内炽而发斑”一段话，还有六味地黄丸的歌诀，叫做“地八山山四，丹苓泽泻三”。那时把它背熟了，在培养年轻教师时，还常常以此举例，教育学生要苦读，口勤。他又说：“以后读的书，却强半遗忘了。当然，书不是一次把它背出就永远记住，一定会有遗忘。遗忘了怎么办？再背熟，反复几次，记忆就牢固了。”

二是手勤。手勤指勤翻书，勤查文献。有治不好的病，去查查文献，方子虽然不能照抄照搬，但一定会从中得到启发。金寿山说：“有不少青年同志治学，也知道问，但往往去问‘活字典’，不习惯于问‘死字典’。试问，字典如没有人去翻，还成其什么工具书？我在青年时期治学，没有老师可问，只能去查字典。一部《康熙字典》，几乎被我翻破。哪些字应该查什么'部首'，心中大体有数，一翻即着。例如有一位同志，硬以为字典上没有'豚'字，因为肉（月）字部查不到。我告诉他这个字要查'豕'字部，果然查到。又例如常用的一个'症'字，《康熙字典》上就没有，可见这个'症'字，在清朝初年，还是一个俗字，而且是一个不很通行的俗字，所以还没有收入。'证'是'症'的本字，原属一字，现在争论其不同，实属无谓。至于中医与西医'症'的概念不同，那是另一回事。"

谈到提高古文水平的问题，金寿山说："提高医学水平，不能一蹴可及，只能靠点点滴滴的积累。这就要刻苦读书，一个字也不放过。但是，读医书又要讲实效，不是搞考证。古书上无关紧要的地方，本来讲不通，硬把它加一番考证，讲通了（而且未必通）又有什么意思。这时就要学陶渊明的读书方法——不求甚解。

哪些地方应该一丝不苟，哪些地方可以不求甚解，要靠平日的功夫，是不容易的。”

三是笔勤。笔勤就是要写。金寿山指出：“见到资料一定要摘卡片；读书，一定要写眉批；教书，一定要自己写讲稿。切莫抄别人的讲稿，因为用别人的好讲稿，倒不如用自己蹩脚的讲稿。”他对于写讲稿，总结的经验是：备课内容要备得足，而上课演讲的内容，要削得凶。这样才能讲得有骨有肉，不枝不蔓。他说：“还要多写文章。而写文章，一定要言之有物，有一点就写一点，有两点就写两点，开门见山。宁可把论文写成札记，不要把札记拉成论文，更不要从‘盘古开天地’讲起。例如写有关《伤寒论》的文章，把张仲景和他的著作再来评价一番，已经没有这个必要，而现在恰恰有这个通病。其次，要反复推敲文理，不要捏成一篇文章，写出算数。要多看几遍，多改改，避免写出‘天地乃宇宙之乾坤，吾心实中怀之在抱’那样的句子。”

第二要博学。博学就是知识面要广。知识面要广，一定要多读古书。要多读古书，仅仅具有阅读能力还不够，因为医学从来不是一门孤立的科学，古代也是如此。只有了解了古代的自然科学和社会科学知识，阅读古代医书，才有可能真正通晓其义理。

金寿山常常对学生们说：“小时候读‘四书五经’，现在看来不是白读的。基于这个原理，现代医学和现代自然科学当然也要学。作为一个老中医的我，已经不可能了，作为新一代的中医，我以为一定要学，只要学了而不‘忘本’。”

金寿山从事教学工作之后，先后教过《伤寒论》、《金匮要略》、《温病学》，以及各家学说的一部分。后来还教过《中医学基础》，可算是一个“杂家”。他常说：“杂也有杂的好处。教然后知困。改教一个学科，迫使我非去再钻一钻另一门知识不可，非多看一些书不可，而多看了另一门的书，转过头来对原来较熟的一门学科知识又有所长进。中医这门学科，本来综合性很强，特别是基础课程，更有共通之处。不通《内经》，不能教好各家学说；不通《伤寒论》，不能教好温病学和方剂。反之亦然。”谈到“博”时，金寿山说：“‘博’正是为‘专’吸取营养。读书不能局限一家之言，而是要融会贯通。专读仲景书，不读后贤书，比之井田封建，周礼周官，不可以治汉唐之天下也；仅读后贤书，不读仲景书，比之五言七律，昆体宫词，不可以代三百之雅颂也，所以要‘博’。”

金寿山生平接触过两位良师益友，一位是贵阳王聘贤，一位是上海程门雪。这两位前辈有一个共同特点就是博学。当金寿山遇到王聘贤的时候，年事尚轻，只知道从他那里借书来看，得益还不多。而程门雪是组织上指定金寿山去问业于他的。金寿山好学善问，某些学术上的疑点、难点、精微之处，一经程门雪指点，便如点石成金，茅塞顿开。程门雪的博学、多思，深深地影响着金寿山。他曾经教金寿山看叶天士医案。当时，金寿山看来看去，没察觉其中奥妙，而且受到“徐批”的影响，认为叶氏用方非仲景法。学医当学张仲景，取法于上，仅得乎中，学叶天士非是。《叶案存真》一案，案语是：“舌缩，语音不出，呼吸似喘，二便不通，神迷如寐，此少阴肾液先亏，温邪深陷阴中，瘈痉已见，厥阳内风上冒。”处方为阿胶、鲜生地、玄参、鲜石菖蒲、黄连、童子尿。程门雪分析此案说：“叶氏此方实从白通加人尿、猪胆汁汤化出，彼则寒伤少阴，故用附子、干姜温经，葱白通阳，人尿、猪胆汁反佐为引，此则热伏少阴，故用阿胶、玄参育阴，鲜生地、川连清温，鲜石菖蒲通窍达邪，童子尿为引。一寒一热，两两相对。仲景之秘，唯叶氏能通变之。”《叶案存真》另有一案，症见“脉微、下利、厥逆、烦躁、面赤戴阳，即用白通加人尿汤，处方为生附子、干姜、葱白，煎好冲人尿一杯”。程门雪又分析：“两相对照，益见本案是以阿胶、玄参、生地当白通汤中附子，以川连当干姜，以菖蒲当葱白，而用人尿则相同。护阴清温之法从通阳温经之方脱胎而出，可谓推陈出新。”金寿山听了分析，才恍然大悟，领悟到读书除了要从有字处着眼外，又要从无字处着眼，更重要的是，应该多动脑筋。从此，金寿山改变了对叶氏的看法。从程门雪那里学得了“点石成金”的“指法”，学乃大进。

第三要活学。医生读医书的目的主要是为了看病，这是金寿山一贯的思路。他说：“善读书斯善治病，非读死书之谓也，用古法须用今方，非执板方之谓也。”并认为，学过的东西一定要到临床中去检验，看它是否正确，是否需要补充修改。他引用清代医家俞根初的一段话：“吾四十余年阅历以来，凡病之属阳明、少阴、厥阴而宜凉泻清滋者，十有七八；如太阳、太阴、少阴之宜温散温补者，十仅三四；表里双解，三焦并治，温凉合用，通补兼施者，最居多数。”金寿山认为：“这实在是临床体会有得之言。这就把《伤寒论》读活了，有自己的见解了。有些理论必须接触到临床，才体会得真切。例如《金匮要略》讲瘀血病人‘口燥，但欲漱水不欲咽’，把它当作‘渴不欲饮’看。后来在临床上看到的肝硬变病人多了，有些病人往往诉说口中黏腻，始恍然于‘但欲漱水不欲咽’是因口中黏腻，根本不渴（当然，肝硬变病人也有口渴者）。所以《金匮要略》说它是口燥而不是口渴，尤在泾释为‘血结则气燥也’，与‘渴不欲饮’完全是两回事。”金寿山经常举例：肝硬变初期病人，往往外无胀满之形，而内有痞闷难受之感。《金匮要略》说“腹不满，其人言我满，为有瘀血”，可谓曲尽形容。尤在泾释为“外无形而内实有滞，知其血积在阴，而非气壅在阳也”，更属一语破的。他又举炙甘草汤中用麻仁的例子，解读说：“柯韵伯疑为枣仁之误，似属有理，但在临床上看到心脏病患者，在大便干结之时，病情往往增剧，必须保持大便通畅（不是泄泻），就体会到炙甘草汤中所以用麻仁之理。”所以金寿山强调，只有通过临床，得到经验和教训，再去温习理论，会对理论理解更深，而这时理论对临床才确实具有指导意义。

金寿山在青年时期曾治一湿温病人，病已多日，心下痞闷不舒，大便不通，舌苔黄，有可下之征，他用小陷胸汤加味，病人服药后得利，胸腹宽畅，但随即衰竭而死。病家归咎于命而不归咎于医，但金寿山终觉得小陷胸汤用得不对头，有内疚之心，且始终未明其所以然。后来，他深入研究叶天士的《温热论》，当他读到“湿温病，大便溏，为邪未尽，必大便硬，乃为无湿，始不可再攻也”一段，才知道自己的错误就在于湿温病大便已硬而下之，犯不可再攻之戒了。金寿山说："《温热论》讲的真是经验之谈，对临床极有指导意义。所以要做到活学，一定要联系临床实际。"他深有感触地说："学中医，在没有学通的时候，尽管苦学，不通的地方还是很多，会陷入困境，一定要熬过这个关。我是熬过这个关的。铁杵磨成针，只要功夫深，终有一旦会豁然贯通。这以后，一通百通，左右逢源，学起来便容易了，这叫做'顿悟'，是从苦学中生出来的'巧'。但没有苦便没有'巧'，没有'渐悟'，便没有'顿悟'。"金寿山认为，博学要与多思结合起来，还要能返约。博学之返约与浅学有质的不同，一则守一家之言而不排斥他家，一则见闻狭隘，拘泥于一家之言而自以为是。临床绝不可少，脱离临床的理论是空头理论，即使讲得头头是道，要的是"花枪"，中看不中用。

到了晚年，金寿山重新认识到《内经》这

部书是中国医学的渊源，深悔没有下过工夫。不学《内经》而治学，犹如无根之萍。他说："历代医家，特别是宋以后的各家学说，无不渊源于《内经》，而又各有发挥，反过头来大大丰富了《内经》，发展了《内经》，《内经》原书中的某些词句已经不是原来的含义。把它加以整理将是一件很有意义的事，中医之道可谓尽在其中。吾有志于此而未能也。"孔子云："加我数年，五十以学《易》，可以无大过矣。"金寿山是这样想的，加我数年，七十以学《内经》，可以无恨矣。我生有涯而知无涯。路漫漫其修远兮，吾将上下而求索。

学医质疑贵权变
掌握理论多实践

金寿山经常教育后学者，不能死读书。他列举清代儒医陈修园死读《伤寒论》，不从临床实际出发，把《伤寒论》的 397 法硬性分为 397 节，章太炎痛斥为“以实效之书变为空谈”。同时，他指出：“须知 397 法之说，在宋时习俗相传，本无确数，高保衡等校订《伤寒论》的时候，因循旧说以实其数，所定标准根本不甚合理。且进一步言，学习《伤寒论》，应学习它的精神，着眼于大方大法，若枝枝节节而求之，即便不差秒息，亦诚如陆九芝所说：‘何补于古人，何益于来者。’我们千万不能脱离实际，钻到牛角尖去。至于 113 方，虽有确数，亦应加减变化，活法在人。”

金寿山强调继承中医学经验。他说：“在青年中医中，有人认为中医难学，望难生畏；也有人认为中医简单易学，往往浅尝辄止，以为尽在其中；还有人以为老中医没有两套本领，只会辨证，不会辨病，没有什么好学的等等。这些思想障碍都是不利于继承发扬中医学的。”金寿山针对此种想法，提出以下看法：

第一，既要传给直接经验，又要传给间接经验。我们传授中医学宝贵经验时，只要实事求是而不是夸夸其谈，只要批判地总结而不是照抄照搬，那就谈不上什么自我标榜或者保守复古。须知今日之中医，非昔日之中医；今日之中医学，也非昔日之中医学，都在实践中不断发展提高。我们要比古人高明，这一点绝不能妄自菲薄。举例来说，中医学院教材中，《中医学基础》这本书，尽管还有不少缺点，但它从《内经》到目前的中医学概念，作了比较系统的论述和阐明。又如天津南开医院编写的一本《中西医结合治疗急腹症手册》，其中对于大承气汤的用法某些地方也较张仲景有所发展。可见，“学如积薪，后来居上”。每一个老中医都有一技之长，对于辨证、处方、用药都有独特的经验，这是书本上所学不到的。保守这些经验，固然不对；小看这些经验，以为这算不了什么，也不对。“集涓滴之细流，可以汇成江河”，我们应该把自己的直接经验，毫无保留地传给下一代。科学总是在继承前人的基础上发展起来的。古人的直接经验，为我们之间接经验。我们老中医也得传授间接经验。只有把间接经验和直接经验结合起来，对于古人的经验取其精华，弃其糟粕，才有真正的心得体会。今天重要的是要引导学生懂得把书本知识放到实践中去检验，看看是否真有道理，以真正做到“古为今用”。清代医家俞东扶说：“读书与治病，时合时离；古法与今方，有因有革。善读书斯善治病，非读死书之谓也；用古法须用今方，非执板方之谓也。专读仲景书，不读后贤书，比乏井田封建，周礼周官，不可以治汉唐之天下也。”此段话可为我们读古人书的借鉴。

第二，辨证辨病，均须谨求古训。自20世纪60年代以来，强调中医辨证与西医辨病相结合之说者日众。金寿山不以为然，一再倡导中医治病必须勤求古训，在中医学理论指导下，才能正确地选方用药，不以规矩，不能成方圆。为此他一再强调提出：辨病，在中医文献中自古有之，非自今日始。并指出：中医是讲辨证的，而且是会辨病的。有许多疾病，中医和西医的认识基本一致，病名也相同。例如感冒、中暑、痢疾、疟疾……有的虽然中西医病名不同，但内容是一致的。例如西医所称的某些神经官能症，中医称为“百合病”、“脏躁”。西医的眼、口、生殖器综合征（白塞综合征），张仲景早已称之谓“狐惑病”。金寿山认为，与其称它是“白塞综合征”，不如称它是“张仲景氏综合征”。显而易见，中医既有这些病名乃为辨病的证据。

值得提出的是，有些病名为中医所特有。例如中医所讲的“痰饮”是一个病，不是一个症。凡肺有停痰，膈有留饮，肠胃有积水而表现寒象者，称为痰饮。辨明这个“痰饮病”，首先必须辨明体内有无停痰、留饮和积水存在；必须认识它的原因是由于津液运行失常；进一步必须辨明津液之所以运行失常是由于肺失通调，或脾失运化，还是由于肾失温蒸，还要认识肺、脾、肾三者之间的相互关系。从肺与脾的关系来说，脾是根本，称为“肺为贮痰之器，脾为生痰之源”；从脾肾的关系来说，肾又是根本，因为肾阳为诸阳之本，又主水液。故外饮（病由外来，暂时性）当治脾，内饮（病从内生，陈久性）当治肾。治疗痰饮的用药原则，乃当以温药和之。从中医论述痰饮病的内容看，理法方药是一气贯通的，这就构成了中医对“病”的概念。《素问·奇病论》中肠覃、石瘕等都是辨病，仲景《伤寒杂病论》中的辨病内容更为丰富，如伤寒、中风、痰饮、虚劳、疟疾、胸痹等都是很注重辨病的。但是，在治疗疾病时，并非一病只有一法、一方、一药，而是按照某一疾病的发生、发展规律，且还有与之相适应的一整套理、法、方、药。对于某些特殊的疾病，还可有若干专方、专药。因此，中医的辨病理论体系也同样得到体现。

强调辨病并不能忽视辨证。辨病是从总体上认识疾病的基本矛盾，辨证是具体认识疾病过程中的某一阶段的动态变化，因而对于疾病的认识能更加深化、精确和具体，所采取的治疗措施也就更具有针对性。金寿山从这一观点出发，对“同病异治”、“异病同治”持有新解。他认为，若以辨病来说，痰饮病就应温阳化饮，胸痹就应通胸阳化痰，百合病用百合地黄汤，蛔厥用乌梅丸。从疾病发展的全过程来看，每一种病都有它的治疗大法。因此，“同病同治”、“异病异治”是其常。但是在一个疾病的不同阶段，或在不同环境、不同时令、不同体质的具体患者，治法也应随时变化。例如虚劳可以用大黄䗪虫丸化瘀消积，痰饮病可以用己椒苈黄丸或厚朴大黄汤攻下，可见，“同病异治”是其变。所谓“异病同治”，实际上是不同疾病的某一个发展阶段，其病机大致相同时，就可用基本相同的治则治法去治疗，如虚劳病之肾气虚，痰饮病之水泛为痰，消渴病之下消以及转胞，均为肾脏气化不足，都可用肾气丸为主进行治疗。所以“异病同治”对某一种病的治疗来说，实际上也是变法。可见，金寿山的辨病说实际上是从另一个侧面来阐释中医理、法、方、药的具体应用。

辨证论治包含着鉴别诊断。中医的辨证，

其实质内容是在中医理论指导下对各种临床现象进行细致的鉴别。八纲辨证虽然不够具体，但其表里、寒热、虚实、阴阳之间就存在着鉴别诊断，何况在许多辨证方法综合运用之下，就能更深入细致地区别证与证之间、病与病之间的差别，从而进行不同的治疗。如痰饮在胃之证，饮邪上冲，胃气上逆明显者，宜用小半夏汤降逆止呕为主；伏邪内结，胃气壅滞者，宜用生姜半夏汤散结为主；饮邪不重而兼有寒象者，宜用半夏干姜散温中散寒为主。所以说这种深入细致的辨证论治是包含着鉴别诊断，也是中医辨证论治的精华之所在。

总之，辨证首先要辨病，这样施治才有原则性。在辨病的基础上，注意到同一疾病在不同的个体、不同的时节、不同的环境、不同的阶段以及不同的治疗经过会有变化，治疗须区别对待。这就是张仲景所说的“随证治之”。只有这样，辨证才既有原则性，又有灵活性。这些理论是中医学宝贵经验的总结，必须传给下一代，这是历史赋予我们的任务。

第三，既要当先生，又要当学生。青出于蓝而胜于蓝，一代胜过一代，这是事物发展的必然规律。我们做老师的应该善于向青年人学习，既当先生，又要当学生。历史上的医学家，学生比老师高明的有很多，如扁鹊胜过长桑君，淳于意胜过公乘阳庆，张仲景胜过张伯祖，李东垣胜过张洁古，张景岳胜过金梦石。现代也应当是如此。一般来说，学生比老师高明，不仅仅是学成之后，就是在学习的时候，学生也不一定比老师差。凡带过学生的老师都有这个体会的。在教学过程中，我们当然要对学生在政治上、业务上严格要求，但这不等于不要向青年人学习。史书上记载：刘河间患了病，青年医生张洁古去看望他，河间态度傲慢，瞧不起这个青年人。张洁古当即分析病情，指出刘河间用药的错误，河间不得不心服口服。可见，看不起青年人是错误的。

中医学派不同，各有特长，这是好事。但是如果“各承家技，终始守旧”，就会走向反面，阻碍学术的发展。公乘阳庆对他的学生淳于意说：“尽去尔方书，非是也。”我看这是门户之见，应该坚决反对。学生对老师提出不同意见，应该抱欢迎的态度。如元代医家王海藏对其师张洁古，就敢于提出不同意见。洁古说：白术生津，又说非白术不能去湿。海藏就说：除湿利水道，如何是益津液？洁古说：沙参可以代人参，取其味甘可也。海藏就说：人参补五脏之阳，沙参苦微寒，补五脏之阴，安得不异？学生有这种坚持真理的精神，是值得大大提倡的。学生能够标新立异更是好事，不能认为其“非吾徒也”。当然，青年人应该学习老师的长处。叶天士从师 17 人，尽得其传，是可为青年人跟老中医学习作借鉴的。做老师的应该既要当先生，又要当学生，互相学习，取长补短。总之，我们要建立一种新型的师徒关系。希望青年人努力承担起继承发扬中医学的重任；而我们老年人，应该做一辈子孺子牛。

1981年，金寿山兼任上海中医学院中医文献研究所所长，同年被聘为国务院学位委员会医学评议组成员。从此，他的工作又增加许多，但身体远远不如以前，严重的咳喘常使他说话有些疲惫。即使如此，他仍乐观地接受组织交给他的每一份工作，并兢兢业业地完成。

金寿山深入分析文献所内实际情况，感到大多数研究人员从临床医疗转入文献所不太熟悉中医文献，必须重视科研人员文献研究的功底磨炼，对于工作中的每一位同志，只有让他们在工作中边干边学习。于是他策划编纂《中国医籍字典》，组织科研人员投入编纂工作，在工作中学习、学习中提高。并拟定编纂《中国医籍字典》的具体要求：一是供中医、中西医结合工作者及其他中医爱好者学习、研究中医药学用。二是必须体现适应读者研习中医学质疑之需，所辑录的字目要广泛征引历代重要医籍和与医学意义相关的其他古代典籍，同时在突出医学意义的前提下，兼顾字目的古义和今义。三是在字目释义中，注意汲取古代医家学者的治学成果和近代专家考释的心得，在博采众说的基础上择善而从，务求释义准确，简明扼要，通俗易懂，并附文献例证。四是所有字目均采用汉语拼音字母注音，生冷僻字及多音字则加注同音字，对于个别无考的字则注明“音无考”，而不妄臆杜撰。经过他的指导，编写组科研人员整理古籍文献的能力提高了。《中国医籍字典》于1989年出版，至今仍是中医文献研究的重要工具书。

忠诚中医事业 潜心医理研究

金寿山以继承发展中医为己任。中华人民共和国成立后，他坚信中医药事业会蓬勃发展。1950年初冬，他积极投入卫生防疫工作，担任上海新成区种痘第三大队队长，普种牛痘。

1951年9月，金寿山被选为上海市医务界代表会议代表。在医代会后，担任上海市卫生工作者协会新成区分会筹备委员兼组织组副组长。后来他还担任中医师公会秘书，编辑杂志，办进修班，组建中医师公会新成区分会等，促进了中医工作的发展。1952年初夏，他又积极参与筹备组建联合诊所。同年8月，新成区第二联合诊所成立。联合诊所成立后，出现一些对中医认识不够的思想，金寿山作为该诊所的医生，结合自己的亲身经历和体会，进行宣传动员工作，促使大家齐心合力，团结互助，共同努力，办好联合诊所。不仅如此，他还为《新华医药》杂志撰稿，题为《中医师的团结与进修》。该文提出："发掘中医治病的特点，方药的技能，由中医提供经验，集合专家，共同整理研究。那时，医药自然会发展统一而进步，中医、西医将成为历史上的名词，目前想把中医改造成西医完事，或者一下子就想中医飞跃地进展都是过左或过高的想法，是行不通的。"金寿山对中医理论有深刻的认识，又承担过中医的多年教学，在临床上治愈过较多的斑疹伤寒、回归热、麻疹等传染病，积累了丰富的经验，深知中医有治疗效果，深知中医有了中国共产党的领导，事业会很快发展。1955 年 4 月，组织将金寿山调到上海市新成区人民委员会卫生科主持行政工作，他一如既往地刻苦工作了一年多。

金寿山早年熟读《内经》、《难经》、《伤寒论》、《金匮要略》等著作，在中医理论方面有坚实的基础。他认真学习唯物辩证法，用以整理研究中医基本理论。

一、对阴阳五行学说的分析

金寿山认为，中医学中的阴阳学说具有丰富的辩证法思想，其内容可分两部分：一部分是抽象的概念，是“有名而无形”的，是无所不指的，主要用以说明自然界的规律，也可以用来论证医学，但未必皆属于医学；另一部分是医学内容，把人体的组织结构、功能活动、病理变化等具体的事物都赋予阴或阳两类属性。但是这些事物之间的相互关系以及发展变化，主要不是决定于抽象的阴阳理论，而是决定于这些事物的本质属性。如气为阳，血为阴。气血之间存在着气能生血、血能载气的关系，它们之间是“阴阳互根互用”，而不是“阴阳制约”。金寿山认为，五行学说的基本点是以五行相生相克来说明事物之间的关系，也具有辩证法思想的。《内经》中的五行学说有“五行无常胜”的思想，即太过则侮己所胜，不及则为所不胜反侮。这比秦汉时代其他著作中的五行理论更胜一筹。

二、对中医治则治法的研究

金寿山认为，扶正与祛邪是防治疾病的根本大法。虚则补之，实则泻之，毋犯虚虚实实之戒是其常，是必须遵循的根本原则。但临床实际是错综复杂的，必须从实际出发，才能知常达变。如在外感热病正虚而又邪实的情况下，只要正气尚能耐受攻伐，仍可考虑用峻药祛邪，希望一战成功，邪去正安。《伤寒论》中太阳、少阳两感用麻黄细辛附子汤就是一例。假如不认识这一点，只知扶正而不予祛邪，或祛邪而药力不够，就很难收到满意的效果。如正气虚甚而病邪不盛，则不宜妄用攻伐，以免更伤正气。重用扶正，则正气来复而病邪自去。如“甘温除热”、“增水行舟”等。

三、对治病与治体的阐发

金寿山认为，治体就是着眼于整体，从改善病人的体质入手，以期收到效果。并认为在两种情况下，必须要考虑治体：一种是“百脉一宗，悉致其病”的“百合病”。这类病人的临床表现多种多样，此症甫消，彼症又起，必须以患者体质的阴阳、气血、寒热之偏为依据，调整和改善其整体状况，才能收到预期的疗效。第二种是久病痼疾，一时难以祛除宿邪，一时亦难以恢复其久虚，只能视其体质的状况，逐步调治而收效。强调治体并不是忽视治病。他常说：“虽云治体，治病亦在其中矣。”在回阳与救阴问题上，不能偏执一端。应该看到阳邪亢盛，既能亡阴，亦能亡阳。治热病亦应详察其阳气的盛衰而予以兼顾，所以《伤寒论》白虎汤有加参之法。阴邪盛，既能亡阳，亦能亡阴。治寒疾亦应详察其阴液的存亡，所以景岳回阳有六味回阳饮之法。

四、对“温病下不嫌早，伤寒下不嫌迟”的研究

金寿山认为，“温病下不嫌早，伤寒下不嫌迟”的提法不够全面，极易使人误解为伤寒和温病的治疗规律，且有门户之见。《伤寒论》虽然强调先表后里，表未解、热未潮者，不可攻下，似有下不嫌迟之意。温病学家吴又可指出：温病是“因邪热致燥结，非燥结而致邪热也……能早去其邪，何患其燥结乎?”似有温病下不嫌早之意。但是《伤寒论》又有阳明三急下与少阴三急下之说；叶天士又有温病用下，必验之于舌，必症见大腹或满或胀或痛，方可用下之论。这就很难说是“温病下不嫌早，伤寒下不嫌迟”。因此，他认为，用下法必须从实际出发，既要慎重，又要果断；既要得其时，又要得其法，宜缓则缓下，宜急则急攻，切不

可拘泥旧说而致贻误治疗。

五、认为升阳与潜阳本是作用相反的治法

金寿山认为，在一定条件下，这两法同用可以取得相辅相成的效果。特别是对于某些既有肝阳上亢，又有脾阳不升的患者。他常以柴胡、葛根、党参、黄芪等益气升阳药与龙骨、牡蛎、龟板、白芍等滋阴潜阳药同用。升者，升其脾阳，使水谷之精气上升，以荣头目；潜者，潜其肝阳，滋肝肾之阴以涵风木。二者并行不悖，相辅相成。金寿山以此为法，治疗某些高血压病及眩晕症均取得了很好的疗效。

金寿山对张元素、李东垣等所著的医籍进行了系统的研究，并结合《内经》理论和仲景学说，参考历代各家论述，深入探索易州张氏学说的源流，颇有心得。他认为，张氏学派有三个特点：一是在继承先贤分经论治方法的基础上，十分重视药性气味的阴阳、升降、浮沉、归经和五脏苦欲之不同，创立五脏六腑气味补泻不同之说。二是主张古方今病不相能也，提倡在七方十剂的原则下创制新方，并主张必先岁气，无伐天和，随四时加减用药。三是认为治病用药必须以养胃气为本。对李东垣的益气升阳法，金寿山也很有研究，他认为，升发是阳气的本性，不升便是病态。并认为东垣脾胃学说之真谛，贵在脾胃清阳之气的升腾，清阳之气不升，则谷气下流而阴火上乘土位，故其调中补中之关键在于升阳气和降阴火。金寿山不仅深悟其理，在临床上亦善用益气升阳法。在晚年，他对东垣益气聪明汤的临床应用曾进行了较系统的研究。凡因脾虚气弱，清阳不升，上气不足，清窍不利而见头晕、眼花、视力减退、耳鸣、耳聋、不耐长时间脑力劳动、易于疲乏之患者，多以益气聪明汤（黄芪、人参、蔓荆子、升麻、葛根、芍药、甘草、黄柏）为主进行加减治疗，多获良效。特别是对于气虚而兼肝阳上扰者，还常以益气升阳与平肝息风相结合来进行治疗。这两法同用，看来似违常理，但金寿山认为，益气升阳，升的是脾胃之清阳，平肝息风是针对肝之升泄太过，而清潜过亢之肝阳，阳虽同类，而脏各异，且用药归经肝脾亦不相同，故补脾胃之阳，平过亢之肝阳，各行其道，二法无不可配合应用之理。金寿山的研究生为了探索益气升阳的生理作用，开展了一系列的实验研究，结果发现，正常人口服益气聪明汤约 5 小时后，脑血流量明显增多，与对照组比较，有非常显著的差异。动物用益气聪明汤后，脑细胞代谢增高（耗氧量增高），大脑皮层兴奋性增高（脑电图快波增多，后发放刺激阈值降低），与对照组比较，有显著差异。说明益气聪明汤的作用可能与改善脑的气血供应和增强脑细胞的代谢有关。

精益求精明辨证
临床应变创奇迹

金寿山谈到中医的辨病问题认为，先得讲“辨病与辨证相结合”。辨病实际上是指辨西医的病，辨证是辨中医的“证”。中西医结合，有利于认识疾病的本质，有利于提高诊断和治疗质量。

金寿山下乡巡回医疗时，一天，在公社卫生院刚结束门诊，突然来了一位急腹症患者，60 岁开外，表情痛苦，脸色略带红，估计有发热。再细问病情，腹胀隐痛，口苦恶心，不思饮食，身体重着，转侧不便，大便秘结，小便尚可。金寿山仔细观察，舌正红，苔黄腻满布，脉细滑带数，测体温 38.2℃。检查腹部，右腹略见膨隆，右下腹明显压痛，腹肌轻度强直，并能触及一鹅蛋大小的块物，肠鸣音存在。检查完毕，金寿山从容地对病人说："病是肠痈，看得还算早，内服中药，外敷草药，有办法消散，不必着急。"

他的处方是：红藤 30g，蒲公英 30g，赤芍 18g，米仁 18g，败酱草 18g，冬瓜仁 18g，厚朴 9g，陈皮 6g，六曲 9g。

他还亲自采来新鲜的山海螺，切片让患者外敷。药后热虽退，但肿块未消。第二天，他在方中加了柴胡 9g，生军 9g。第三天，去生军。第四天，患者热退，肿块缩小。经治三周，肿块完全消失，患者能下地劳动。

又一天，金寿山刚看完病，准备吃饭，有位老奶奶带了一个六七岁的女孩请他看病，也是肚子痛，痛得厉害。因诊前刚痛过，现在小姑娘好像没病似的，在玩耍。腹痛是急症，金寿山决定看完病再吃饭。他看小姑娘的脸色红润，气色不差，舌苔薄白也属正常，且脉未见异常。经询问小姑娘曾吐过蛔虫，且自行买过“灭虫宁”吃。体检：肌卫阴性，右下腹有局限性压痛点，腰大肌试验、闭孔内肌试验均阴性，测体温正常。金寿山认为阑尾蛔虫的可能性大，经做白细胞计数检查，结果正常，故以上诊断基本肯定。

处方：地丁草、蒲公英、败酱草、土大黄各 15g，乌梅 30g，煎汤顿服，一日二次。药后，当晚腹痛缓解。第二天右下腹压痛消失，两剂药病就好了，随访数日，未见复发。

中医外科判断预后有个标准，叫做“五善七恶”。前一个病人“五善”之中有“四善”，只有饮食健旺一条不具备，“七恶”之中只有半条，就是恶心呕吐，口不知味。古人说：“五善见三自吉，七恶有二即凶”，因此，这个病人的预后良好。中医诊断肠痈有几个参考指征：一是洒淅恶寒，轻微发热；二是脉数；三是苔腻；

四是身有痛处，腹皮急。该患者一个指征都不具备，所以肠痈的可能性很小。小孩子有吐蛔虫史，腹痛时发时止。《伤寒论》第338条论蛔厥，有“蛔厥者，其人当吐蛔，今病者静，而复时烦者……须臾复止”的记载。这个特点，不限于蛔厥，对于多种蛔虫病的诊断都有意义。

金寿山分析：“肠痈成脓后有四条出路：一是消散，这是最好的结局；二是从大便出脓，这一般称为大肠痈，预后比较好；三是从小便出脓，一般称为小肠痈，比较少见，不容易收口；四是从腹壁穿破，破在肚角的叫肚角痈，疮口不流粪的可以收口，疮口流出粪便的不易收口，在肚脐穿破的叫盘肠痈，预后大多不好。”这些看法与西医的认识基本相同，只是名称不同而已。破入肠腔的称肠内瘘，破入膀胱的称膀胱内瘘，侵入腹壁成为腹壁脓肿，再穿破到体外，如果破入腹腔，会造成弥漫性腹膜炎，预后十分严重。也有少数成为慢性脓肿的。

有一些人误解为中医只讲辨证，不讲辨病，甚至只能辨证，不能辨病，那就不对了。

金寿山认为，中医的辨病问题，得从“辨病与辨证相结合谈起”。“中医是讲辨病的，所谓‘伤寒’、‘温病’，都是病名；《金匮要略》是一本论述杂病的古书，其中有中风、疟疾、血痹、虚劳、肺痿、肺痈、胸痹、寒病、积聚、痰饮、消渴、水气、肠痈、蛔虫病等名称，也都是病名。它以‘某病脉证并治’名篇，就是说明要在识病的基础上来辨证论治。可见自古以来，中医是讲辨病的。”

金寿山指出，有人以为中医讲辨证论治，那么，只要能够辨别气虚、血虚、阴虚、阳虚、气滞、血瘀、肝失疏泄、脾失健运、肺失肃降等证，就可以“异病同治”，还辨什么病（中医的病）？这把中医看得太简单了。诚然，上面这些证是要辨别的，但仅仅辨这些是不够的，它只能解释疾病过程中出现某些证候的病理，而不能认识到某一个病的全部病理。全部病理不明，立法就没有原则性。今天看到阳虚用温阳药，明天看到阴虚用养阴药，无异于被动应付。“有是证用是药”这句话是指在见证确切的情况下，应该放胆使用而说的，包括用大寒药、大热药、大攻药、大补药、剧毒药，并不是说治病可以毫无原则地“随证变法”。岳美中老中医有一慢性肾炎病例，始终用防己黄芪汤近200剂，就因为岳老有真知灼见，识其病属“水气”，温运脾阳是一大法，性质属于脏病，不能急于求成，必须假以时日，故能有方有守，终于治愈。

尽管中医所定的“病”与西医所定的“病”理论上的立足点有所不同（但也有相同的），但既然确定是一个病，就绝不是一个孤立的证候，也不是所谓证候群，而是有原因，有发病机理，有发展过程，有规律可循，有预后可测，它的治法也有一定的原则。若干方是其专方，若干药是其专用药或优选药，但并不等于一个病只有一方或一药。

金寿山认为，伤寒、温病须着重辨病，慢性病也是一样。如虚劳病，仅据《金匮要略》所描述的见症，就有渴、亡血、失精、不育、半产、干血、腰痛、腹痛、下利清谷、喘、悸、盗汗、失眠……已经很繁多。后世认识发展，见症还不止于此，但可以概括为三个特点：慢性、进行性、消耗性。它的证候突出表现就是“虚”，是由于五脏气血亏损所导致，所谓“久虚不复谓之损，损极不复谓之劳”。虚、损、劳三者相继而成，与一般所称气虚、血虚、阴虚、阳虚既有联系又有区别。有联系的是虚劳病的见症总不出气虚、血虚、阴虚、阳虚范围；区别是气虚、血虚、阴虚、阳虚的证候，在多种疾病或在多种疾病的某一阶段，或在疾病的恢复期中都可出现，但不一定都是虚劳病。虚劳是中医所称的“病”，气虚、血虚、阴虚、阳虚是中医所称的“证”，这是两者区别之处。金寿山治疗过很多虚证，如：

朱某，女，18 岁，1973 年 5 月就诊。症见形容消瘦，面色苍白，两颧殷红。由她的哥哥和母亲扶着走进诊室，走得很慢，气喘吁吁，一副病重样子。她坐下时气急得说不出话来，慢慢地把右手放到脉枕上。金寿山一看，大鱼际肌肉尽脱，按脉细带数，重按无力，三五不调。病人未开口，他就意识到是一个脏气衰败、严重虚损的病人。因为病人气急声低，故由她哥哥代诉病史：幼年时曾反复发热，咽痛，关节痛，12 年来常心悸，气急，经常服地高辛。1 个月前做心电图检查，示快速房颤伴室内差异传导。查血沉 14mm/h，抗“O” 833U。一星期来纳呆、脘痞、神疲。三天前发高热，咳嗽，痰白而稠，不易咯出，气急加重，不能平卧。小便量少，下肢轻微水肿。舌暗红，根黄腻。按脉虚里跳动应衣，脘部痞坚（肝大三指，质地较硬）。心律不齐，心率 84 次/分钟，有缺脉。心尖区二尖瓣杂音四级，向腋下传导。此病人不属水气而属虚劳。既然是虚劳，为什么有许多实证的表现？处方中用了许多祛邪药？金寿山认为："这个病人的虚证极为明显，声低气怯，神疲心悸，唇舌青紫，脉来三五不调，这是心肺气虚；心气衰败，宗气受损，纳呆，脘痞，腹泻，浮肿，这是脾阳不振，脾失健运；动辄气急，不能平卧，尿少浮肿，久病不复，这是肾不纳气，肾阳虚衰。与此同时，又有许多实证的表现，并且虚证与实证之间互有联系。因肾阳虚衰而聚水为肿，因脾失健运而聚湿成痰，因宗气虚损，不足以贯心脉而瘀血凝聚，因肺气失肃而痰阻肺络，因肺卫不足而易感外邪。属于本虚标实，在治疗上就不能完全补虚。按急则治其标、缓则治本的原则，目前标实为急，本虚略缓，应该以祛邪为主。所以用了较多的祛邪药，泻肺化痰利水，清热解毒活血，同时酌量应用益气温阳健脾的扶正药。

处方：焦白术 15g，熟附子 9g，葶苈子 9g，赤白芍各 9g，茯苓 12g，炒党参 9g，橘红 5g，姜半夏 9g，生熟麦芽各 9g，白蔻仁 3g，炒米仁 12g，金银花 12g，连翘 12g，桑白皮 12g，鱼腥草 30g，琥珀末（分吞）1.5g，沉香粉（分吞）1g。4 剂。

4 天之后，患者复诊，发热已退，胃纳较差，咳剧痰稠，舌红，苔腻未化，脉如前。用原方加减：去党参、米仁、蔻仁、沉香，加南沙参 12g，黄芩 12g，款冬花 9g，苏子 9g，生姜 3 片。

过了 1 周，患者三诊：病情大有好转，喘平，咳止，痰少，胃纳渐开，舌红较减，苔转薄黄而干，脉如前。面色淡白，仍声低气怯。

再处方：南北沙参各 9g，麦冬肉 9g，肥玉竹 9g，桑白皮 12g，金银花 9g，连翘 12g，黄芩 9g，白术 9g，茯苓 9g，熟附块 6g，琥珀粉

（分两次吞）1.5g。7剂。

再1周后，病人四诊：咳喘已平，但劳则气短，汗多，纳可，心下痞已消失，根苔薄腻微黄，脉如前，于前方中加党参12g，五味子3g，去金银花、连翘。7剂。

病人五诊时，苔薄净，汗不多，但动辄气短，有时心悸而已，乃以下方调理：党参12g，熟附块6g，麦冬肉9g，五味子3g，肥玉竹9g，焦白术9g，茯苓9g，丹参12g，炙甘草4.5g。此后病人外邪尽解，心力衰竭得到完全控制。

叶天士在《温热论》中说："炉焰虽息，灰中有火，不宜早用温补。"这个病人目前是邪热灼伤肺胃之阴，所以用麦冬，玉竹；如果波及心肾之阴，就要随证加味了。总之，治疗虚劳的三个要点即阴阳互根、虚实转化与五脏虚损要互相联系起来。还要适当联系外感热病辨证，善于把各种辨证方法互相结合，灵活应用。

金寿山认为，《素问·阴阳应象大论》的

“阴阳者，天地之道也，万物之纲纪，变化之父母，生杀之本始，神明之府也。故治病必求于本。”所谓“本”指的就是阴阳。而《素问·阴阳应象大论》的“善诊者，察色按脉，先别阴阳”，说明掌握疾病内在的矛盾——阴阳，是辨证的首要任务。从辨证的角度来看，所谓阴阳就是病位之表里、病状之寒热、病情之虚实，这是《伤寒论》全部立法的依据。病因为本，病状为标；内在为本，外表为标；标发现于表，本多隐伏于里。总之，标本的关系就是现象与本质的关系。标本一致，表现为真寒、真热的病状者易辨；标本不一致，表现为假寒、假热的病状者难识。《伤寒论》第 11 条说：“病人身大热，反欲得衣者，热在皮肤，寒在骨髓也；身大寒，反不欲近衣者，寒在皮肤，热在骨髓也。”程应旄释之曰：“病人身大热，反欲得近衣者，沉阴内锢而阳外浮，此曰表热里寒；身大寒，反不欲近衣者，阳邪内克而阴外凝，此曰表寒里热。寒热之在皮肤者，属标属假；寒热之在骨髓者，属本属真。本真不可得而见，而标假易惑……不言表里，言皮肤、骨髓者，极其浅深分言之也。”这是说，在标本不一致的情况下，必须把本质探求清楚，勿为假象所迷惑。

金寿山在临床医疗中，对于辨别标本的真假极为注意，如：陈某，女，25 岁，插队青年。冬季田间劳动中得病，形寒发热，时起时伏，已有 50 多天。四肢关节酸痛僵硬，行走不便。白天自汗，夜间盗汗。体温 38.5℃，颈部淋巴结肿大，皮肤小红点时隐时现，肝脾肿大（肝肋下 2.5cm，脾侧卧刚触及）。血化验：红细胞 2.96×10^{12}/L，白细胞 5.4×10^{9}/L，血色素 8.6g，抗“O” 2500U，血沉 60mm/h，类风湿因子阴性。胸透阴性，骨盆及膝关节 X 线片阴性，心电图正常。两次淋巴结活检：反应性网状细胞增多症。用过激素及水杨酸制剂效果不明显，最近两周服用消炎痛，病情有好转。四肢关节略能活动，仍有中度发热。现代医学诊断：反应性网状细胞增多症，病因可能是风湿热。

处方：桂枝 12g，白芍 12g，熟附块 12g，炙甘草 10g，苍白术各 12g，生米仁 30g，羌独活各 10g，生黄芪 12g，海桐皮 15g，生姜 3 片。2 剂。

服药两剂，全身出汗较多，体温降到 38℃以内，关节痛好转，红疹依然。为了观察疗效，停用西药。上方再服两剂，两天后体温已降至正常，红疹仍未消失，淋巴结较小，关节痛明显好转。病脉仍细数。舌色较前转红，但苔仍薄腻。

处方：生黄芪 18g，青防风 10g，桂枝 10g，赤白芍各 10g，象贝母 10g，夏枯草 12g，连翘 12g，生米仁 30g，生地 15g，生甘草 5g，玄参 12g。此方加减共服两周，不再发热，红疹逐渐消失，淋巴结基本消退，关节略有酸痛，行走乏力，心悸。病情基本控制而出院。

对待本案有两种方法，一是照顾各方面，先用平稳而复杂的药方，看服药后的反应再定；另一种方法是在复杂的病情中努力抓住它的重点，而对一部分次要问题置于不顾。这个病人发热50天了，病情比较重，如果面面俱到，药力就难以专一，需要重点突破。

金寿山分析：本病重点在于风、寒、湿三气相搏，伤人阳气。如果阳气能够复振，风、寒、湿三气逐步驱散，发热或者能退，其他问题就比较容易解决。但是血热、痰火、瘰疬等问题是否能暂时放下？用温药与瘰疬的矛盾不大，治疗瘰疬应该用一些温药，可以散积聚，通经络。符合《内经》的治则。《素问·标本病传论》有“谨察间甚，以意调之，间者并行，甚者独行”之说。患者病情较重，属于“甚者”，舍弃痰火、血热，专治风寒湿邪，就是

“独行”。

金寿山认为，上述医案在辨证方法上，辨邪、辨热、辨标本，注重病人的体征等。标与本的关系，既然是事物的现象与本质的关系，它必然有内在的联系。尽管有时二者不相一致，出现假象，但是任何现象脱离不了本质，这一假象，仍然是从本质上产生的。认识到标出于本，标一定与本有联系，因而认识疾病的性质更为深入。《伤寒论》第315条云：“少阴病，下利脉微者，与白通汤；利不止，厥逆无脉，干呕烦者，白通加猪胆汁汤主之。服汤脉暴出者死，微续者生。”本条以葱白、干姜、附子治其下利不止，厥逆无脉之真寒；以人尿、猪胆汁治其干呕而烦之假热，即一般认为寒凉反佐热药之法。值得注意的是，为什么不用黄芩、黄连等大苦大寒之药，而用人尿、猪胆汁咸苦相伍来作反佐呢？根据阴阳理论来分析，本证假热之所以出现，一方面由于阴邪内盛，真阳为阴邪所逼而上浮；另一方面又由于阴邪内盛，以致或吐、或利、或吐利交作，亡失津液，真阴亦已不足，阴不恋阳，形成“脱”证。其所以用人尿、猪胆汁，不仅仅寓有反佐的意义，更重要的是含有咸苦滋润，从阴引阳之作用在内。假如用芩、连等大苦大寒之药来作反佐，不但没有这个作用，甚至可能化燥伤阴，其结果，阳不能回或阳回而阴竭亦死。可以看出，《伤寒论》对于本证的处理，系以“阴阳消长”、“阴阳互根”等朴素的辩证法思想作指导，一面破阴（邪）回阳（正），一面从阴（正）引阳（正）。上引条文中“服汤脉暴出者死，微续者生”一语，亦同样说明了现象与本质真假之间的辩证关系。因为这种危笃之证，厥逆无脉，不可能突然好转，服白通加猪胆汁汤后，脉暴出是虚假的，是脉气一时为药力所迫，药力尽则正气乃绝，故死；脉微续是正气逐渐恢复，才是真正好转，故生。这是仲景在实践观察中如实反映的客观实际。

金寿山认为，标本关系表现于寒热方面的情况已如上述，表现于虚实方面也是如此。在一般的虚证与实证，比较容易辨别。但在病笃的情况下，所谓“至虚有盛候，大实有羸状”，往往出现假象。如《伤寒论》阳明病中提出脉迟、短气、循衣摸床、惕而不安等症，就要注意到“大实有羸状”；少阴病中提出脉紧、烦躁、谵语、口渴、面赤等症，就是注意到“至虚有盛候”。假如细心观察，假象是可以辨识的。如李士材治韩茂远病伤寒。九日以来，口不能言、目不能视、体不能动、四肢俱冷，皆曰阴证。士材诊之，六脉皆无；以手按病人之腹，病人两手护之，眉皱作楚；按其趺阳，大而有力。乃知其有燥屎，以大承气汤下之，得燥屎六七枚，口能言，体能动矣。

金寿山指出，上述病案是从羸状之中辨识其有大实的医案之一。所以古人有这样一个经验：见到通体皆现虚象，一二处独见实证，此实证必须重视；见到通体均现实象，一二处独见虚证，此虚证也必须重视。张景岳称之为“独处藏奸”。医生遇到这种情况，必须探求其本质。假如“省疾问病，务在口给，相对斯须，便处汤药，按寸不及尺，握手不及足，人迎趺阳，三部不参，动数发息，不满五十，短期未知决诊，九候曾无仿佛，明堂阙庭，尽不见察”（《伤寒论》），这是张仲景最反对的，认为“夫欲视死别生，实为难矣”。《伤寒论》反复辨明病起何因；前见何证，后变何证；恶寒恶热，寒热轻重，昼夜轻重；有汗无汗，汗多汗少，汗起何处；口淡口苦；渴与不渴，思饮不思饮，饮多饮少，喜热喜凉；思食不思食，能食不能食，食多食少；胸、心、胁、腹有无胀漏；二便通涩，大便为燥为溏，小便为清为浊，色黄色淡；曾服何药，药后变化如何……脉证合参，或舍证从脉，或舍脉从证，经过思考分析，才能深入了解到疾病的本质，作出正确的判断。如《伤寒论·阳明病篇》有两条条文，其一是："阳明病，自汗出，若发汗，小便自利者，此为津液内竭，虽硬不可攻之，当须自欲大便，宜蜜煎导而通之。"另一条是："病人小便不利，大便乍难乍易，时有微热，喘冒不能卧者，有燥屎也，宜大承气汤。"从表面上来看，前者大便硬，应予攻下；后者大便乍难乍易，不宜攻下。但经过分析，知前者为津液内竭（临床上多见于热病之恢复期），而非热结于里，大便虽硬却不可攻；后者为燥屎内结，有喘冒不能卧之症，大便乍难乍易乃是"热结旁流"，却宜大承气汤。施治的熨贴就在于辨证的精细，其原则就是"治病必求于本"。

金寿山认为，《伤寒论》中有不少有关杂病的证治，因此除了从热病方面去理解之外，还应该从杂病角度去分析。如以桂枝汤为例，本是为治疗太阳中风而设，但是由于桂枝汤还具有调和营卫、气血和阴阳之作用，因而也能广泛地应用于杂病中的营卫不和、气血阴阳失调等证。如他曾治疗三个胃病患者：

第一位患者是一位老年妇女，有胃痛发作史七八年，经胃肠钡餐造影，未发现溃疡。头昏眼花，经常恶心，偶有呕吐，大便干结，非灌肠不通。口出热气，胸闷灼热如焚。口干咽燥，日饮大量冰水。但背寒，两足发凉，即使盛夏亦不能露体赤足。望舌偏红，苔薄腻微黄，脉沉细带弦。

处方：生地 12g，升麻 10g，黄连 12g，肉桂 3g，黄柏 10g，麦冬 10g，苁蓉 12g，玄参 12g，知母 8g，麻仁 12g。6 剂。

第二位患者是一位中年男性，多次上消化道出血，经胃肠钡餐造影，诊断为十二指肠部溃疡、胃下垂。来诊前半月又一次大量出血，出院仅 5 天，中脘隐痛，痛在空腹，饭后作胀，大便溏薄，日两三次，口苦，纳少，一餐仅半两至一两。头晕，夜寐多梦，患者形容消瘦，面色黧黑。舌偏红，边有紫斑，苔薄白，脉弦细数。

处方：党参 10g，焦白术 6g，茯苓 12g，炙甘草 6g，丹皮 6g，川连 2g，陈香橼 8g，肥玉竹 10g，砂仁 3g（后下），炒白芍 12g，炒谷麦芽各 10g。7 剂。

第三位患者是一位男性青年，头痛，眼花，呕吐，每六七天就发作一回，病已 4 年，久治不愈。冬季发作较为频繁，往往突然而起。发作时痛在后项，得食则吐，自觉畏寒，神疲欲睡。脉弦，舌正红，苔薄白。

处方：熟附子 6g，干姜 3g，炙甘草 4.5g，炒党参 12g，姜半夏 12g，羚羊粉 0.3g（吞服），石决明 20g。7 剂。

第一张治老年妇女处方，症见寒热夹杂，热主要在胃，且热邪伤阴，故有灼热、饮冷、便秘等症，寒在肾，肾不仅有寒，也有热，是肾的阴阳两虚。即下焦有寒，中焦有热，这与泻心汤的中焦脾胃寒热夹杂是有区别的。故用清胃散治胃热，交泰丸调整阴阳。第二张治中年男性病人的处方，是取法于叶天士《临证指南医案》木乘土门四君子汤加桑、丹、苓、芍的医案，也有六君子加桑、丹、苓、芍的。第三张治男性青年处方，金寿山认为，病症除了呕吐外，几乎没有嗳气、吞酸、纳呆等胃病常见症状，这说明疾病的根源并不在胃，主要的原因是肝风。病情发作突然而起，头痛、眼花、脉弦都是肝风的表现。叶天士有“肝风大动，将胃口翻空”之论。另外，本病有阳虚见症，患者的阳虚程度较重，不仅脾肾阳虚，还有肾阳虚衰。肝风偏于热，阳虚属于寒。

综上所述，可以认为：寒热虚实夹杂证不限于泻心汤证一种类型，变化是很多的；温凉并用，虚实兼顾，这是治疗的原则，具体用药要照顾到有关脏腑，要有充分的灵活性；寒热错杂证多见于脾胃疾病。

详察药性，精选药物，金寿山临床用药极为精当，且颇具新见。对于具有相似作用的药物，他详加比较。例如人参与黄芪同属补气，但二者有许多区别，不可轻易混用。人参补心，黄芪不补心；黄芪走表，人参不走表；黄芪利水，人参不利水；黄芪托毒，人参不托毒。石膏与知母均清里热，但石膏辛寒，具透解散邪作用，而知母苦寒，其性沉降；知母滋润，能清下焦之火，而石膏则无此作用。一般认为，无汗、表未解者为白虎汤之禁忌证，但金寿山认为，实际是不宜用知母，而非忌石膏。对甘草一药的作用往往只强调调和诸药，而忽视其具体作用。他认为，甘草最重要的作用是顺接阴阳之气，治疗四肢逆冷，《伤寒论》中凡见“四逆”者，绝大多数用甘草；第二是复脉，补心气，如炙甘草汤、桂枝甘草汤等；第三是缓急，治疗脏躁、筋脉挛急、腹中急痛等证候；

第四是缓和其他药物的副作用，而不是减弱其药力。如麻黄汤中的甘草，不是减少麻黄发汗之力，而是扶助正气，减少麻黄发越阳气太过的副作用。这些见解是金寿山悉心研究各药特性的经验之论，值得进一步研究。

中医药学要传承 培育桃李勤耕耘

金寿山认为，作为中医队伍中的一员，一定要做好把中医学的宝贵经验传给下一代的工作，这是不言而喻的。

1956 年 9 月，上海中医学院创建。金寿山调入并被聘为首批教师。1960 年，他光荣地加入中国共产党。先后担任过伤寒温病学教研室主任、温病学教研室主任、中医学基础教研组组长、教务处副处长等职。1979 年被聘为教授，又被任命为上海中医学院副院长。

金寿山担任教研组组长期间，基于教学，研讨学术。组织年轻教师学习中医经典著作，他常说：“学问，学问，学是要问的，而且要不耻下问。李时珍的学问，不少是从不耻下问得来的。我无师传授，但师父又很多：同事，我之师也；同行，我之师也；病人，我之师也；学生，亦我之师也。因为弟子不必不如师，师不必贤于弟子。”确实如他所言，他谦虚谨慎，每次写好文章都要请徒弟们看看，提提意见。他认真地说：“这实际上就是教学相长。”

金寿山对年轻教师，要求精读成无己的《注解伤寒论》，还为他们指定其他读书目录，定期组织大家交流学习心得。凡是经过他教育过的年轻教师都能领悟到：博学基于苦学，老师是苦学的楷模。

1964年春，上海中医学院首届毕业生柯雪帆从曙光医院调到上海中医学院金匮教研室当助教，跟随金寿山学医，学习老师的经验知识。只学医术，代代相传，势必逐渐退化，还必须掌握治学之道，才能启迪新知，探索未知。在柯雪帆改授《伤寒论》课程之前，金寿山叮嘱他，先读《伤寒论》原文，一家注家也不要看，迫使他从临床实际出发，对原文苦读精思。在此基础上再去阅读各家注释，这就不是我去寻觅各家，而是各家在我面前了。当柯雪帆进一步学习《伤寒论》时，感到难以深入，金寿山指导他，读古代医书首先要“从有字处着眼，就是要学好原文，打好基础，然后可以从无字处用心”。金寿山经常组织许多老中医一起讨论《伤寒论》原文，当时由柯雪帆做记录，至今他还珍藏着这些原始记录，在柯雪帆发表的文章《承前启后，师徒相传——师事金寿山教授二十年的体会》中说：这是金老师的余泽，又是许多老前辈的心血，这正是“鸳鸯绣出从君看，前辈金针尽度人”。除了柯雪帆外，后来与金寿山青老结合的张玉萍、吴杰、达庆维等许多青年教师，乃至金寿山的研究生吴敦序、徐建国、周冠群等都是在金寿山的指导下，精读《伤寒论》原文，而且举一反三，纵深联想，灵活思维，不断探索。大家深有体会，有了治学之道，好比找到了汩汩源泉，是“问渠哪得清如许，为有源头活水来”。

“学我者生，似我者死”，这句话出自现代画家齐白石老人，金寿山借以教育后辈。年轻时，他苦读《黄帝内经·素问》，背诵 81 篇原文。他说，不解其理，死记硬背的路，你们不能再走了。但《内经》是理论基础，必须打得扎实。他教导后学用现代观点，逐字逐句注解《内经》原文。现在翻阅这些旧稿，大家都深有感触地说：“看到金老师亲笔修改的字迹，感慨万千。这就是学我者生。”金寿山曾以清燥救肺汤治愈两例无汗症，病案记录发表之后，求诊者甚多。当时，因他的身体虚弱，由柯雪帆代诊。可有些无汗症病人用清燥救肺汤效果不佳，后学都不太理解。金寿山指出，不能死于一方之下，要灵活地辨证论治，或益气升阳，或调和营卫，或辛温解表，与证相应，均有佳效。

使后学体会到："似我者，是浮浅的纸上功夫；学我者，是从实践向理论的飞跃。"

金寿山认为，随师学习，要学习老师的理论知识与临床技能，同时也要学习老师的道德品质与见识才干。老师也不可避免地在授业的同时传道，业中有道，道随业传。金寿山注意关心教师的思想。当时，姜春华在《中医杂志》发表了"截断学说"，中医界一时哗然。教研室有位青年教师写了批评文章，以冀出名。金寿山见之，教导大家说，"截断之说"有理论依据，有临床实践，姜教授非哗众取宠。叶天士透风于热外，渗湿于热下，先安未受邪之地；《伤寒论》针足阳明，使经不传都是截断观点。经过这件事，大家不仅学到了许多业务知识，更重要的是看到了金老师在学术上的远见卓识。

1975 年，金寿山在担任教务长期间提出："我以为，中医学院的中医教研组与西医教研组应该互相配合，而中医各教研组之间（临床科除外），教师应该轮换，寓教于学，可能大有裨益。不要‘鸡犬之声相闻，老死不相往来’。”为此，他组织中、西医教研组老师一起，对阴虚火旺开展研究，并在临床开设阴虚火旺专科门诊。选拔中、西医有科研及临床能力的教师同坐一堂，用中西医方法诊断疾病，筛选病例。他的工作很忙，但门诊时间始终保证。他说：“西医学习中医，是我国卫生工作方针的一个重要方面。中医主动向西医请教，也是不容忽视的。”设立这样的专科门诊，目的就是促使中西医相互学习，推动中西医教学。每次门诊，对于病人检查的免疫、生化等指标，他都要仔细询问其临床表现，然后，结合临床主症，认真分辨，再一次遴选阴虚火旺患者，确定实验研究需要测定的指标。在他的关心下，中西医通力合作，阴虚火旺的研究课题，做了大量的基础性工作。1985 年，阴虚火旺的研究课题获得卫生部经费资助。课题结束后，成果得到圆满鉴定并获成果奖。这项研究工作开启了上海中医学院中西医相互学习与合作的科研氛围，充分体现了金寿山的好学、苦学精神和独特的领导风范。

1977年，上海市卫生局筹备“上海市第七届西医离职学习中医班”，学制两年，全脱产学习。市卫生局聘请金寿山为中医班的班主任。他接受任务，参加筹备讨论时，向卫生局建议，选拔优秀的中医临床医生参与学习。他认为，中医参加“西医离职学习中医班”学习，一则可以协助授课教师，作辅导工作；另则，既然有西学中，当然也可中学西，向西医学习现代医学知识，互相取长补短，很有必要。根据他的意见，上海市第七届西医离职学习中医研究班从全市范围内，选择了13名高年资的中医师，脱产两年，与西医人员一起学习。具有丰富教学经验的金寿山认为，研究班的学生中，在医院里，70％的学生已是高年资的主治医师，

30%的学生已是副主任医师或主任医师，所从事的专业，有内、外、妇、儿、五官科等，各科齐全，对他们的授课，不同于本科班的教学，要根据学生的特点，因人施教。这对于中医教学，提出了新的要求，即要密切结合临床，结合学生已有的临床专业经验，开展教学，主要培养学生的分析能力，形成良好思路。他一方面组织承担教学任务的教师分析学生业务特点，确定各科的教学内容和备课应该准备的资料；另一方面，亲临教学第一线，承担伤寒、温病教学。上课时，常用临床案例分析，启发学生掌握中医理论。

金寿山讲到《伤寒论》太阳病时，举了一个临床病例：老海员，男，65岁。高热，体温39℃。血液化验：白细胞 35×10^9/L，中性粒细胞96%。X线胸透报告：左肺大片阴影，边缘不规则。他分析说，一般都认为此病案确诊为“大叶性肺炎”，炎症严重。这种病人，西医应该用青、链霉素，还要加激素。中药通常会用大剂清热解毒药，用麻杏石甘汤加黄连、连翘、金银花等。而老海员素体湿胜，舌不红，苔腻，为新感寒湿，内外合邪，袭于太阳经……遵仲景之法，应予麻黄加术汤扩充。

处方：净麻黄 3g，桂枝 4.5g，苍术 9g，枳实 9g，陈皮 4.5g，姜半夏 9g，茯苓 9g，杏仁 12g，瓜蒌仁 9g，生姜 3g。1 剂。除瓜蒌仁外，竟没有一味清热解毒药，病人服药后，大汗淋漓，热退神爽，脉静身凉，可舌苔厚腻满布，滑润。

针对此症，金寿山提出三点：一是舌苔未化，热病要重舌。二是一剂汗出太多，值得思考："汗大出者，但风气去，湿气在，是故不愈也。若治风湿者但微微似欲汗者，风湿俱去也。"三是太阳湿病在《金匮要略》第二篇，《伤寒论》有杂病的内容，《金匮要略》也有外感内容，两者原是一本书。湿病与风寒不同，风寒外邪可以一汗而解，湿病没有那么快，再给原方一剂，苍术加到12g，桂枝减到3g。药后病人体温42℃，呕吐无汗、烦躁、咳嗽、胸痛，苔腻转黄，脉弦滑带数。大便不通，腹部柔软，无压痛。即在原方中加柴胡3g，黄芩12g，服一剂后，体温退至37.6℃。金寿山分析指出："此方乃柴胡麻黄汤，《伤寒论》中没有此方，是根据太阳表实证兼少阳证这个辨证结果，灵活运用而来。"患者神情疲软，呼吸平稳，咳嗽消失，胸痛轻微，略有恶心，苔转黄腻，但已化薄，脉弦细滑而不数。金寿山认为，病已化险为夷，太阳证已罢，转属少阳，用小柴胡汤加味（柴胡9g，太子参9g，姜半夏9g，黄芩4.5g，茯苓9g，蔻仁3g，六曲9g，生姜9g）。第四天，体温正常。再用二陈汤加味调理一周，症状体征全部消失。X线复查，病人的肺炎已消散吸收，乃出院。妙用伤寒方的病例给学生们很大启发。

待人淳朴厚道 工作坚持原则

金寿山待人淳朴厚道。1977 年 11 月，他已是 65 岁的老人，体弱多病，但他从不在意自己的病痛，处处关心周围同志。教研组有位女教师家住上海浦东，产后两周，金寿山带上产妇所需的鸡蛋、猪蹄等食品，走了近 3 小时的路程，到她家看望，指导产后调养、婴儿抚育等注意事项。还告诉她，要静心调养，56 天产假结束返校后，参加“上海市第七届西医离职学习中医班”的学习。金寿山又给她锻炼机会，要她承担《伤寒论》、《金匮要略》和《温病条辨》课程的助教工作，积累上课的经验。对于如何做好这项工作，金寿山又做了精心的指导。

与金寿山共事过的每一位教师，都感到他的和蔼可亲。他心中想的是同志，唯独没有他自己。金寿山平时处处关心体贴周围的教师，真心实意地期待着年轻一代茁壮成长。金寿山重视青年教师备课的训练，凡是青年教师走上讲台上课之前，都要求他们认真备课，为他们制订备课所需的古医书目录。针对上课的具体内容，要求认真阅读古医籍，结合上课内容，学习读懂原著，理解消化，再写讲稿。讲稿写成后，必须在教研室里试讲。试讲时，请教研组全体教师一起参加，对讲课内容提出评议。评议时，金寿山最细致，往往从内容、板书、时间等方面的安排，一一提出修改建议。经过反复修改讲稿，多次教研室讲课锻炼，年轻教师进步较快。即使年轻教师初次上讲台，所讲的内容也很翔实，课堂效果很好，学生们较为满意。金寿山对年轻教师的严格训练，使他们养成了独立思考、刻苦学习、自写讲稿的好习惯。

金寿山对待工作，有很强的原则，极端认真负责。20 世纪 60 年代，金寿山主持编写《中医学基础》一书，出版社认为书中某些观点不符合当时的政治要求，提出要删改。他坚持不同意删改，宁可作为内部教材发行。

金寿山离开我们已有 20 余载，追溯他那自学成才的一生，人生有限而学术无涯的敬业精神，深入探究中医学理论的刻苦精神，不断继承创新的思维，堪为后辈楷模，值得发扬光大。

（撰稿人　张玉萍）

《中华中医昆仑》丛书150位医家名录

（按生年排序）

张锡纯	丁甘仁	萧龙友	王朴诚	恽铁樵
曹炳章	冉雪峰	谢　观	施今墨	汪逢春
孔伯华	黄竹斋	吴佩衡	蒲辅周	陈邦贤
李翰卿	李斯炽	姚国美	陆渊雷	张泽生
时逸人	张梦侬	叶橘泉	王聘贤	陈慎吾
邹云翔	赵炳南	承淡安	余无言	刘惠民
岳美中	沈仲圭	秦伯未	赵锡武	韦文贵
程门雪	黄文东	赵心波	董廷瑶	吴考槃
章次公	石筱山	陆南山	张赞臣	李聪甫
刘绍武	陈存仁	朱仁康	陆瘦燕	姜春华
韩百灵	高仲山	李克绍	王鹏飞	刘春圃
金寿山	哈荔田	何世英	周凤梧	干祖望
关幼波	王为兰	任应秋	罗元恺	祝谌予
杨医亚	郭士魁	何时希	耿鉴庭	俞慎初

裘沛然	顾伯华	江育仁	邓铁涛	门纯德
刘渡舟	尚天裕	朱良春	李玉奇	程士德
尚志钧	赵绍琴	董建华	米伯让	李辅仁
张珍玉	班秀文	颜正华	于已百	颜德馨
路志正	方药中	王乐匋	黄星垣	谢海洲
余桂清	何　任	王子瑜	程莘农	陈彤云
焦树德	张作舟	张　琪	李寿山	张镜人
王绵之	方和谦	印会河	王玉川	蔡小荪
李振华	马继兴	王嘉麟	宋祚民	刘弼臣
王雪苔	刘志明	吴咸中	李今庸	任继学
裴学义	王宝恩	周霭祥	贺普仁	唐由之
赵冠英	许润三	金世元	陆广莘	刘柏龄
徐景藩	吉良晨	吴定寰	沈自尹	王孝涛
张灿玾	周仲瑛	强巴赤列	张代钊	李经纬
郭维淮	柴松岩	苏荣扎布	陈可冀	李济仁
夏桂成	郭子光	巴黑·玉素甫	张学文	陈介甫